EEN OGENBLIKJE OP

seizoenen

ZIRKOON

lente

paraplu

vogelnest

lammetje

tulpen

knoppen

bloemen

regenjas

kuikens

lente

beschilderde
eieren

paashaas

bloesem

chocolade ei

paaseitjes

paaslelie
vlieger
laarzen

zomer

bij

rozen

ijslollie

vlinders

klimop

zonnehoed

blaadjes

thermosfles
vorken
en messen
kaas
kleed
tomaten
aardbeien
picknick-
mand
brood
servetten
beker
bord
fruit

zomer

zeewier

zonnebril

slippers

emmer met zand

schelp

schep

schelpen, zand en zeesterren

zonnehoed

strandbal

ijsje

krab

zeilbootje

badpak

herfst

schooltas
bladeren
bessen

herfst

bloemen

notenkraker

trui

eikels

kastanjes

noten

eekhoorn

pompoen-
lantaarn

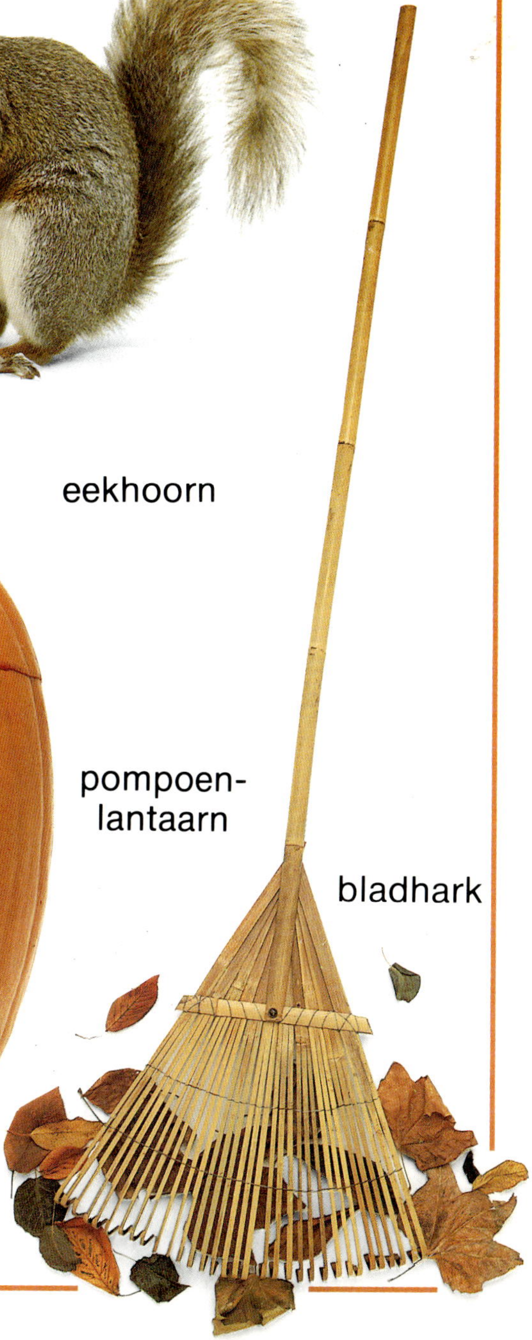

bladhark

winter

denneappels
sjaal
warme
chocolade-
melk
hulst
sneeuwballen

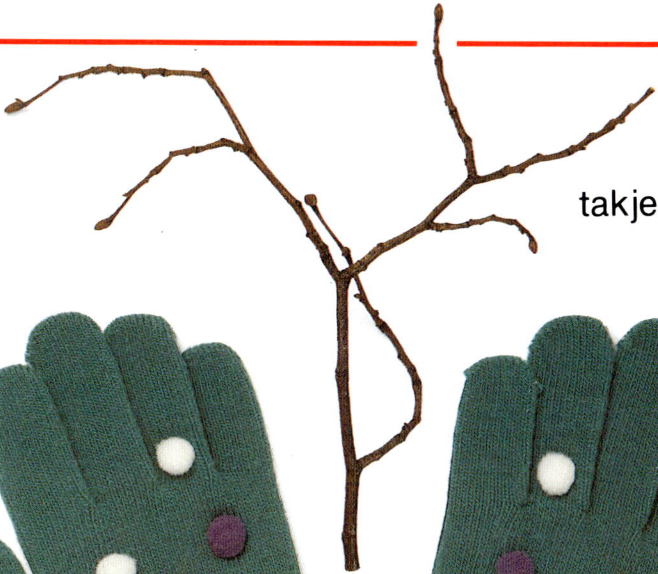

takje

handschoenen

sneeuwpop

slee

winter

lint

kerstballen

kerstkaarten

kerstman

engeltje

kandelaar

kerstkrans
klokjes
kadootjes
kerst-
boompje
sok voor kadootjes
kersttak